AF496307

Ot
39

EDIT

D'expulsion des Jésuites de tous les Etats de la Couronne de Portugal.

EDIT
D'EXPULSION
DES JÉSUITES
De tous les Etats de la Couronne de Portugal.

DOM JOSEPH, par la grace de Dieu, Roi de Portugal & des Algarves, d'en deça & d'au delà de la Mer, en Afrique, Seigneur de Guinée, & des Conquêtes, Navigation & Commerce d'Ethiopie, d'Arabie, de Perse & de l'Inde, &c.

Je fais sçavoir que depuis le tems des opérations ordonnées pour l'exécution du Traité des Limites des Conquêtes, ayant acquis les preuves les plus claires & les plus autentiques, tant par les informations que j'ai fait faire, que par les faits évidens qui se se sont passés sous les yeux de trois Armées, de la résolution clandestinement prise & mise à exécution par les Supérieurs des Religieux de la Compagnie de Jesus, de ces Royaumes & Etats, d'usurper tout le Royaume du Bresil; j'ai pris avec toute la bonté & toute la clémence imaginable tous les moyens que la prudence & la modération m'ont pu inspirer, pour obliger ces Religieux de se désister de ce téméraire & insolent projet. Mais ils l'avoient poussé si loin & avec tant d'artifice & de violence, qu'il seroit devenu en moins de dix ans insurmontable à toutes les Puissances réunies de l'Europe, si je n'eusse eu recours aux mesures les plus promptes & les plus efficaces pour en arrêter le progrès.

Pour parvenir à cette fin, dont la nécessité devenoit de plus en plus indispensable, j'ai épuisé tous les moyens que pouvoit me procurer la réunion des Suprêmes autorités Pontificale & Royale. Avec le ſecours de la premiere je me ſuis efforcé de réduire les ſuſdits Religieux à l'obſervance de leur Inſtitut, par l'effet de la réforme ordonnée, à ma priere, par le Saint Pere Benoît XIV d'heureuſe mémoire. Par l'autre, je leur ai défendu de ſe mêler d'aucune affaire temporelle, telles que l'adminiſtration des Habitations des Indiens de l'Amérique, & l'uſurpation de la domination ſur les Perſonnes, les biens & le Commerce de ces Peuples. C'étoit l'effet propre & naturel que devoient avoir les Loix ſalutaires que j'ai publiées à ce ſujet.

Par tous ces moyens j'ai tâché de faire que les ſuſdits Religieux guéris de cette contagieuſe corruption dont les a infectés leur ſoif hydropique de s'emparer des Gouvernemens temporels, de faire de nombreuſes acquiſitions de Terres, d'Etats, d'intérêts de Commerce, puſſent rendre à Dieu le ſervice qu'ils lui doivent, & être utiles à leur prochain comme de bons & véritables Religieux, & de fideles Miniſtres de l'Egliſe de Dieu. Je m'efforçois ainſi d'empêcher que l'entiere dépravation de leurs mœurs ne fît totalement périr dans mes Royaumes & Etats une Société qui n'y étoit entrée que pour les édifier, & qui avoit toujours été protegée avec diſtinction par les Seigneurs Rois mes très-glorieux Prédéceſſeurs, & par moi-même, qui me ſuis toujours fait gloire d'imiter leur piété.

Mais tous les efforts que j'ai faits, tous les ſoins que j'ai pris pour la conſervation de cette Société, ont été rendus inutiles par elle-même. Elle a oppoſé à tous les bons effets qu'ils devoient avoir les attentats les plus étranges & les plus inouis. A la face de tout l'Univers, ils m'ont déclaré & ont ſuivi contre moi dans mes mêmes Etats d'outre-mer, une guerre cruelle & perfide, dont tout l'Univers a été ſcandaliſé. Au dedans même de mon propre

Royaume ils ont ſuſcité contre moi des ſéditions inteſtines ; ils en ſont venus juſqu'à armer pour la perte abſolue de ma Royale Perſonne, ceux de mes Sujets, qu'ils ont trouvé capables de ſe laiſſer corrompre, juſqu'à ſe précipiter dans l'horrible attentat commis la nuit du 3 Septembre de l'année derniere, avec des circonſtances abominables, & qui jamais n'avoient été imaginées parmi les Portugais. Ayant enfin manqué cet exécrable coup qu'ils avoient comploté contre ma vie royale, que la Divine Providence préſerva par les miracles les plus grands & les plus admirables ; ils ont pouſſé leur perfidie juſqu'à attenter à viſage découvert, à ma réputation, en forgeant & répandant par toute l'Europe, de concert avec leurs aſſociés dans d'autres Congrégations, une multitude d'affreuſes & manifeſtes impoſtures. Ce qui a fait retomber ſur eux l'indignation juſte & univerſelle de toute l'Europe.

Dans cette indiſpenſable & urgente néceſſité où ils m'ont mis de défendre ma réputation royale ; qui fait comme l'ame & la vie de toute la Monarchie que la Divine Providence m'a confiée ; pour la pleine & entiere conservation de l'autorité inséparable de la puissance souveraine & indépendante ; pour maintenir la paix publique de mes Royaumes & Etats ; pour conserver la tranquillité & les intérêts de mes fidéles & louables Sujets ; pour extirper du milieu d'eux de si grands & de si extraordinaires scandales ; pour les proteger & les défendre contre les griefs intolerables de tous les susdits attentats, & de toutes les funestes conséquences que leur impunité pourroit entraîner après elle : après avoir pris les avis de plusieurs Ministres habiles, religieux, pleins de zéle pour la gloire de Dieu, pour mon royal service, l'honneur & le bien commun de mes Royaumes & Sujets, qu'il m'a plu de consulter, & ausquels j'ai cru devoir me conformer : Je déclare les susdits Religieux corrompus, comme il a été dit ci-dessus, déchus de la maniere la plus déplorable de leur saint Institut & trop manifestement infectés de vices les plus grands, les plus abominables, les plus invéterés & les plus incorrigibles, pour pouvoir revenir à l'obſervation de leur régle ; Je les déclare Rébelles notoires, Traîtres, vrais ennemis & Agreſſeurs tant par le paſſé & qu'à préſent, de ma Royale perſonne, de mes Etats, de la paix publique de mes Royaumes & Seigneuries, & du bien commun de mes fidéles Sujets. J'ordonne que tous ayent à les tenir, regarder & réputer comme tels, & je les déclare dès-à-préſent, par la vertu de cette préſente Loi, dénaturaliſés, proſcrits & exterminés : Ordonnant qu'en effet & réellement ils ſoient chaſſés de tous mes Royaumes & Seigneuries, de telle maniere qu'ils ne puiſſent jamais y rentrer. J'ordonne ſous peine de mort naturelle & irrémiſſible & de confiſcation de tous biens au profit de mon thréſor & Chambre Royale, qu'aucune perſonne, de quelque état & condition qu'elle ſoit, donne entrée dans mes Royaume, & Seigneuries aux ſuſd. Religieux, ou à quelqu'un d'eux ou ait avec eux, tous enſemble ou séparément, aucune correspondance verbale ou par écrit, quand même ils feroient fortis de ladite Societé, ou qu'ils y auroient été reçus, ou y auroient fait profeſſion en quelque pays que ce ſoit hors de mes Royaumes & Seigneuries; à moins que les perſonnes qui les recevront chez eux, ou qui auroient commerce avec eux, n'en ayent auparavant obtenu de Moi une permiſſion ſpéciale & immédiate; & ce parce que la déplorable corruption de ces Religieux, (à la différence des autres Ordres Réguliers, dont le corps s'eſt toujours maintenu dans ſa louable & exemplaire obſervance) ſe trouve malheureuſement infecter tout le Corps dont eſt composé le gouvernement & la Congrégation de cette Société. Mais ayant égard qu'il eſt fort vraiſemblable qu'il puiſſe y avoir entr'eux quelques Particuliers, qui n'ayant pas encore eté admis à la profeſſion ſolemnelle, ſoient innocens de cette corruption générale, n'ayant pas encore fait les preuves néceſſaires pour mériter qu'on leur confie les horribles ſecrets de ſi abominables conjurations & de ſi infâmes délits ; en cette conſidération, nonobſtant les droits communs de la guerre & des repréſailles univerſellement reçus, & conſtamment obſervés dans toutes les Nations civiliſées, ſuivant leſquels droits tous les particuliers de ladite Société, ſans en excepter aucun, ſont ſujets aux mêmes peines à cauſe des attentats de leurs Chefs pervertis, contre Moi & mes Royaumes & Sujets ; & ayant égard à la grande affliction que reſſentiroient ceux d'entre leſdits Particuliers qui ont ignoré les pratiques & complots de leurs Supérieurs, s'ils ſe voyoient auſſi proſcrits & chaſſés, comme étant des membres de ce Corps infect & corrompu ; je permets que tous ceux d'entre leſdits particuliers qui ſont nés dans mes Royaumes & Seigneuries, & n'ont point encore fait profeſſion ſolemnelle, & qui repréſenteront des Lettres dimiſſoires du Cardinal Patriarche, Viſiteur & Réformateur Général de la même Société, par leſquelles il les décharge des Vœux ſimples qu'ils y auroient fait, puissent demeurer dans mes Royaumes & Seigneuries comme mes autres Sujets, pourvû qu'ils ne soient coupables d'aucune faute qui les en rende indignes. Et afin que la présente loi soit pleinement & inviolablement observée, sans que jamais en aucun tems on puisse y donner la moindre atteinte au préjudice d'une si mémorable & si nécessaire disposition, j'ordonne qu'il soit informé des infractions d'icelle par tous Officiers civils & criminels, chacun dans leur Ressort, leur en donnant à tous pouvoir, sans fixation d'aucun tems & d'aucun nombre déterminé de témoins, à la charge que de six mois en six mois, s'ils ont acquis des preuves par les dépositions au moins de dix Témoins, ils rendront compte desdites preuves, & du résultat de leurs informations, au Tribunal de l'Inconfidence.

Et pour l'exécution de tout le contenu en cette Présente Loi, j'ordonne au Tribunal du Desembargo do Paço, au Président du Tribunal de la Supplication ; ou à celui qui en tiendra la place, aux Conſeillers de mon Tréſor Royal, & de mes Etats d'Outre-mer, au Tribunal de Conſcience & des ordres, au Sénat de la Chambre, à la Junte du Commerce de ces Royaumes & Seigneuries, à la Junte du Dépôt public, aux Capitaines Généraux, Gouverneurs, Deſembargadors, Corregidors, Juges & autres Officiers de Juſtice & de Guerre, ſelon qu'à chacun la connoiſſance en appartient, d'accomplir & garder, faire accomplir & faire garder la Préſente Loi entierement & dans tout ſon contenu, ſans égard à aucun empêchement ou oppoſition quelconque, & ce nonobſtant toutes Loix, Réglemens, Ordonnances, Diſpoſitions & Actes contraires, auxquels, à tous & à chacun en particulier, j'ai dérogé, comme ſi mention particuliere & plus expreſſe en eût été faite ; & ce pour l'effet ſeulement de la Préſente, le ſurplus de toutes les autres ſuſdites, demeurant en ſa force & vigueur. Si je mande au Docteur Manuel Gomez de Carvalho, Deſembargador do Paço, de mon Conſeil d'Etat & Grand Chancelier de mes Royaumes, qu'il faſſe publier la Préſente Loi dans la Chancellerie, & qu'il en faſſe mettre des Copies à tous les Tribunaux, Capitales des différentes Provinces, Villes de ces Royaumes; afin qu'elles ſoient enregiſtrées en tous lieux, où il eſt de coutume d'enregiſtrer des Loix ſemblables; & que l'Original d'icelle ſoit remis dans les Archives de la Tour do Tombo. Donné au Palais de Notre Dame d'Ayuda, le 3. Septembre 1759.

ROI.

Et plus bas,

COMTE D'OEYRAS.

Plus bas eſt encore: Loi par laquelle il a plu à votre Majeſté d'exterminer, de proſcrire & de chaſſer de ſes Royaumes & Etats les Religieux de la Compagnie dite de Jeſus, & de défendre toute communication avec eux, ſoit verbale, ſoit par écrit, par les très-juſtes & très-urgens motifs déclarés en icelle, & sous les peines qui y sont ordonnées.

Pour être vue de votre Majesté.

PHILIPPE-JOSEPH DE GAMA.

Registrée dans la Secretairerie d'Etat des Affaires du Royaume au Livre des Lettres Royales, Ordonnances & Patentes, au fol. 52. A Notre-Dame d'Ayuda, le 4 Septembre 1759.

JOACHIM-JOSEPH BORALHO.

MANUEL GOMEZ DE CARVALHO.

Cette Loi a été publiée en la Grande Chancellerie de la Cour & du Royaume. A Lisbonne le 3 Octobre 1759.

D. SEBASTIEN MALDONADO.

Registrée en la Grande Chancellerie de la Cour & du Royaume, au

Livre des Loix, fol. 128. A Lisbonne 3. Octobre 1759.

RODRIGUE-XAVIER DE MOURA.

Imprimée dans la Secretairerie d'Etat des Affaires du Royaume.

DOM JOSEPH, por graça de Deos, Rey de Portugal & dos Algarves d'aquem, e d'alem mar; em Africa, Senhor de Guiné, e da Conquista, Navegaçaõ, e Commercio da Ethiopia, Arabia, Persia, e da India, &c. Faço saber que havendo sido infatigaveis a constantissima benignidade, e a Religiosissima clemencia, com que desde o tempo em que as opperaçoens que se praticáraõ para a execuçaõ do tratado de limites das conquistas; sobre as informaçoens, e provas, mais puras, e authenticas; e sobre a evidencia dos factos mais notorios, naõ menos do que a tres exercitos; procurei applicar todos quantos meyos, a Prudencia e a moderaçaõ podiaõ suggerir, para que o governo dos Regulares da Companhia denominada de JESU, das Provincias destes Reinos, e seus Dominios, se apartasse do temerario e façanhoso projecto, com que havia intentado, e clandestinamente proseguido a usurpaçaõ de todo o Estado do Brasil; com hum taõ artificioso, e taõ violento progresso, que, naõ sendo prompta, e efficazmente atalhado, se faria dentro no espaço de menos de dez annos innaccessivel, e insuperavel a todas as forças da Europa unidas: havendo (em ordem a hum a fim de taõ indispensavel necessidade) exhaurido todos os meyos que podiaõ caber na uniaõ das supremas Jurisdicçoens, Pontificia, e Regia; por huma parte reduzindo os sobreditos Regulares á observancia do seu santo Instituto por hum proprio, e natural effeito da Reforma á minha instancia ordenada pelo santo Padre Benedicto XIV. de Feliz recordaçaõ; e pela outra parte apartando-os da ingerencia nos negocios temporaes; como eraõ; a administraçaõ secular das Aldeas; e o dominio das pessoas, e Bens, e Commercio dos Indios daquelle continente; por outro igualmente proprio, e natural effeito das laudeveis Leys que estableci, e excitei a estes urgentissimos respeitos: Havendo por todos estes modos procurado que os sobreditos Regulares, livres da contagiosa corrupçaõ com que os tinha contaminado a hydropica sede dos governos profânos, das aquiſiçoens de terras, e eſtados, e dos intereſſes mercantis, ſerviſſem a Deos, e approveitaſſem ao Proximo, como bons, e verdadeiros Religioſos, e miniſtros da Igreja de Deos; antes que pela total depravaçaõ dos ſeus coſtumes, vieſſe a acabar neceſſariamente nos meſmos Reinos, e ſeus Dominios, huma ſociedade, que nelles entrara dando exemplos, e que havia ſempre ſido taõ diſtintamente protegida pelos Senhores Reys Mes glorioſiſſimos predeceſſores, e pela minha Real, e ſucceſſiva piedade: E havendo todas as minhas ſobreditas diligencias ordenadas á conſervaçaõ da meſma Sociedade ſido por ella conteſtadas, e invalidados os ſeus pios, e naturaes effeitos por tantos, taõ eſtranhos, e taõ inauditos attentados, como faraõ por exemplo; o com que á viſta, e face de todo o univerſo, declararõ, e pro ſeguiraõ contra Mim nos meus meſmos Dominios Ultramarinos, a dura, e alleivoſa guerra, que tem cauſado hum taõ geral eſcandalo; o com que dentro no meu meſmo Reino ſuſcitaraõ tambem contra Mim as ſediçoens inteſtinas, com que armaraõ para a ultima ruina da minha Real Pessoa os meus mesmos Vassallos, em quem acharaõ disposiçoens para os corromperem, até os precipitarem no horroroso insulto perpetrado na noite de tres de Setembro do anno proximo precedente, com abominaçaõ nunca imaginada entre os Portuguezes; e o com que depois que erraraõ o fim daquelle exacrando golpe contra a minha Real vida, que a Divina Providencia preservou com tantos, e taõ decisivos milagres, passaraõ a attentar contra a minha Fama a cara descoberta, maquinando, e diffundindo por toda a Europa, em causa commua com os seus Socios das outras Religioens, os infames aggregados de disformes, e manifestas imposturas, que contra os mesmos Regulares tem retorquido a universal, e prudente indignaçaõ da mesma Europa: Nesta urgente, e indispensavel necessidade de sustentar a minha Real Reputaçaõ, emque consiste a alma vivificante de toda a Monarchia, que a Divina Providencia me devolveo, para conservar indemne, e illeza a authoridade, que he inseparavel da sua independente ſoberania ; de manter a paz publica dos meus Reinos, e Dominios ; e de conſervar a tranquilidade, e intereſſes dos meus fieis, e louvaveis Vaſſallos ; fazendo ceſſar nelles tantos, e taõ extraordinarios eſcandalos ; e protegendo-os, e defendendo-os contra as intoleraveis lezoens de todos os ſobreditos inſultos, e de todas as funeſtas conſequencias, que a impunidade delles naõ poderia deixar de trazer a poz de ſi: Depois de ter ouvido os Pareceres de muitos Miniſtros doutos, religioſos, e cheyos de zelo da honra de Deos, do meu Real ſerviço, e decoro, e do Bem-communa dos meus Reinos, e Vaſſallos, que houve por bem conſultar, e com os quaes Fui ſervido conformarme : Declaro os ſobreditos Regulares na referida fórma corrumpidos ; deploravelmente alianados do ſeu ſanto Inſtituto, e manifeſta mente indiſpoſtos com tantos, taõ abominaveis, taõ inveterados, e taõ incorrigiveis vicios para voltarem á obſervancia delle ; por Notorios Rebeldes, Traidores, Adverſarios, e Aggreſſores, que tem ſido, e ſaõ actualmente, contra a minha Real Pessoa, e Estados, contra a paz publica dos meus Reinos, e Dominios, e contra o Bem-commum dos meus fieis Vassallos: Ordenando, que como taes sejaõ tidos, havidos, e reputados: E os hei desde logo em effeito desta prezente Ley por desnaturalizados, proscriptos, e exterminados; Mandando que effectivamente sejaõ expulsos de todos os meus Reinos, e Dominios, para nelles mais naõ poderam entrar: E establecendo debaixo de pena de morte natural, e irremissivel; e de confiscacaõ de todos os bens para o meu Frisco, e Camera Real, que nenhuma Pessoa de qualquer estado, e condiçaõ que seja, dê nos meus Reinos, e Dominios entrada aos subreditos Regulares ou qualquer delles, ou que com elles junta, ou separamente, tenha qualquer correspondencia, verbal, ou por escripto, ainda que hajaõ sahido da referida sociedade, e que sejaõ recebidos, ou Professos em quaesquer outras Provincias, de fóra dos meus Reinos, e Dominios; a menos que as Pessoas que os admittirem, ou praticarem, naõ tenhaõ para isto immediata, e especial licença minha. Ottendendo porem a que aquella deploravel corrupçaõ dos ditos Regulares (com differença de todas as outras Ordens Religiosas, cujos communs se conservaraõ sempre em louvavel, e exemplar observancia) se acha infelizmente no Corpo, que constituê o governo, e o commum da sobredita Sociedade: E havendo respeito a ser muito verosimil que nella possa haver alguns particulares Individuos daquelles, que ainda naõ haviaõ sido admittidos á Profissaõ solemne, os quaes sejaõ innocentes; por naõ terem ainda feito as provas necessarias para se lhes confiarem os horriveis segredos de taõ abominaveis conjuraçoens, e infames delictos: Nesta consideraçaõ, naõ obstantes os Direitos communs da Guerra, e da Represalia, universalmente recebidos, e quotidiana mente observados na praxe de todas as Naçoens civilizadas; segundo os quaes Direitos, todos os Individuos da sobredita Sociedade, sem excepçaõ de algum delles, se achaõ sujeitos aos mesmos procedimentos, pelos insultos contra Mim, e contra os meus Reinos, e Vassallos commettidos pelo feu prevertido governo: com tudo reflectindo a minha benignissima Clemencia, na grande afflição que haõ de sentir aquelles dos referidos *Particulares*, que, havendo ignorado as maquinaçoens dos seus Superiores se virem proscriptos, e expulsos, como partes daquelle Corpo infecto, e corrupto: Permitto que todos aquelles dos ditos *Particulares* que houverem nascido nestes Reinos, e seus Dominios, ainda naõ solemnemente Professos, os quaes appresentarem Dimissorias do Cardeal Patriarca visitador, e Reformador General da mesma Sociedade, porquel hes relaxe os votos simplices que nella houverem feito; passaõ ficar conservados nos mesmos Reinos, e seus Dominios, como vassallos delles, naõ tendo aliás culpa pessoal provada, que os inhabilite. E para que esta minha Ley tenha toda a sua cumprida, e inviolavel observancia, e se naõ possa nunca relaxar pelo lapso de tempo em commum prejuizo huma taõ memoravel, e necessaria disposiçaõ: Estabeleço que as transgressoens della, fiquem sendo casos de Devassa para dellas inquirirem prezentemente todos os Miniſtros Civiz, e criminaes nas ſuas diverſas juriſdicçoens: conſervando ſempre abertas as meſmas Devaſſas, a que agora procederem, ſem limitaçaõ de tempo, e ſem determinado numero de teſtemunhas: Perguntando depois de ſeis em ſeis mezes pelo menos o numero de dez teſtemunhas: E dando conta de aſſim o haverem obſervado, e do que reſultar das ſuas inquiriçoens, ao Miniſtro Juiz da Inconfidencia, ſem que aos ſobreditos Magiſtrados ſe poſſaõ dar par correntes as ſuas reſidencias, em quanto naõ appreſentarem certidaõ do ſobredito Juiz da Inconfidencia.

E eſta ſe cumprira como nella ſe contem. Peloque mando à Meſa do Deſembargo do Paço, Regedor da caſa da ſupplicaçaõ, ou quem ſeu cargo ſervir, Conſelheiros da minha Real Fazenda, e dos meus Dominios Ultramarinos, Meſa da conſciencia, e Ordens, Senado da Camera, Junta do commercio deſtes Reinos, e ſeus Dominios, Junta do Depoſito Publico; capitaens Generaes, Governadores, Deſembargadores, Corregedores, Juizes, e mais Officiaes de Justiça, e Guerra a quem o conhecimento desta pertenoer, que o cumpraõ, e guardem, e façaõ cumprir, e guardar taõ inteiramente, como nella se contem, sem duvida, ou embargo algum, e naõ obstantes quaesquer Leys, Regimentos, Alvaras, disposiçoens, ou Estylos contrarios, que todas, e todos hey par derogados, como se delles fizesse individual, e expressa mençaõ, para este effeito somente, ficando alias sempre em seu vigor. E ao Doutor Manoel Gomes de Carvalho, Desembargador do Paço, do meu Conselho, e Chanceller-mor destes meus Reinos mando que a faça publicar na Chancellaria, e que della se remettaõ copias a todos os Tribunaes, cabeças de comarcas, e Villas destes Reinos: Registando-se em todos os lugares, onde se costumaõ registar similhantes Leys: E mandando-se o Original para a Torre do Tombo. Dada no Palacio de nossa senhora da Ajuda, aos tres de Setembro de mil setecentos sincoenta e nove.

R E Y.

CONDE DE OEYRAS.

Lei por que vossa Magestade he servido exterminar, proscrever, e mandar expulsar dos seus Reinos e Dominios, os Religiosos da Companhia denominada de JESU, e prohibir que com elles se tenha qualquer communicação verbal ou par escrito; pelos justimos, e urgentissimos motivos, assima declarados, e debaixo das penas nella estaplecidas.

Para V. Mageftade ver.

PHILIPPE-JOSEPH DA GAMA, a fez.

Regiftada na Secretaria de Eftado dos negocios do Reino no livro das cartas, Alvaràs, e Patentes a fol. 52. noſſa ſenhora da Ajuda, a 4 de Setembro de 1759.

JOAQUIM-JOSEPH BORRALHO.

MANOEL GOMEZ DE CARVALHO.

Foi publicada efta Lei na Chancellaria mor da corte, e Reino. Lisboa, 3. de Outubro de 1759.

D. SEBASTIAO MALDONADO.

Regiſtada na Chancellaria mor da corte, e Reino no Livro das Leys a fol. 128. Liſboa, 3. de Outubro de 1759.

RODRIGO-XAVIER-ALVAREZ DE MOURA.

Foi impreſſa na Secretaria de eſtado dos negocios do Reino.

www.ingramcontent.com/pod-product-compliance
Ingram Content Group UK Ltd.
Pitfield, Milton Keynes, MK11 3LW, UK
UKHW021210230726
13926UKWH00001B/428